승무

국립중앙도서관 출판시도서목록(CIP)

승무 / 지은이: 조지훈. -- 양평군 : 시인생각, 2013
 p. ; cm. -- (한국대표명시선 100)

"조지훈 연보" 수록
ISBN 978-89-98047-76-4 03810 : ₩6000

한국시[韓國詩]

811.62-KDC5
895.714-DDC21   CIP2013012188

한국대표
명시선
100

조지훈

승무

시인생각

■ 시인의 말

 영혼의 기갈이란 것이 있다면 시는 바로 그것을 충족시키기 위한 어쩔 수 없는 작위의 소산이다. 시인에게는 정신의 파괴된 균형을 복구하는 방도가 시를 쓴다는 그 어쩔 수 없는 '제작의 진실' 이외에는 달리 없기 때문이다. 그러므로 시인에게 있어서는 시를 제작한다는 사실이 전부요 제작된 시란 이미 다시 그 시인을 충족시켜줄 아무런 힘도 없는 것이다. 이 말은 곧 시 쓰는 고통 그 자체가 시의 최대열락最大悅樂이라는 말이다. 그대로 남겨두기에는 너무 초라하여 차라리 분뇨와 같이 꺼림칙하고 아주 버리기에는 좀 서운하여 못난 자식에 대한 애착과도 같은 환멸— 이것이 바로 시인으로 하여금 제가 쓴 시를 제 손으로 다시 만지지 못하게 하는 까닭이 되는 것이다. 시에 대한 이러한 견해 때문에 나는 내 개인의 단독시집 내는 것을 회피하여 왔다. 아니 회피했다기보다는 시집에 대해서 그다지 성의를 가지지 않았다고 하는 것이 더 적절할 것이다.
 이번에 시우들의 권고로 졸한 시들을 자선하면서 느낀 것은 쓰는 대로 시집을 내어버리지 않은 것이 나를 난경에 빠뜨렸다는 생각이었다. 20년 세월을 시를 써오는 동안에 나의 작품 세계는 그 변이變移가 매우 심해서 도저히 한 권의 시집 속에는 같이 앉힐 수 없는 것이 있었기 때문이었다. 쓰는 대로 시집을 내어서 자기 정리를 감행했던들 이런 부질없는 고충은 사지 않았을 것이기에 말이다. 이미 써놓은 시는 좋든 나쁘든 내 것이 아닌 것을 내가 괜히 시를 너무 두려워한 것이 아니던가.

지금까지 내가 쓴 작품은 1백5십 편을 헤아리게 되었다. 그중에 20편 정도는 잃어버려서 찾을 길이 없었으나 그 나머지는 대게 모을 수가 있었는바 그것들을 비슷한 것끼리 따로 골라 여섯 가지로 나눌 수가 있었다. 한번 자리 잡은 시심은 용이히 변혁되는 것은 아니어서 그 여섯 가지 작품세계는 절로 일관되는 바탕이 있기는 하다. 이것이 남들이 보기에는 나의 시가 그다지 변하지 않은 듯한 느낌을 주는 소이연所以然이 되지만 작자 자신에 있어서는 작품의 소재와 구성의 각도의 현격懸隔은 그대로 시생활 변환의 증좌가 되기 때문에 그 작품들 상호간의 동떨어진 거리가 항상 심하게 느껴지는 것이다. 이러한 여섯 가지 작품세계는 물론 어느 것이나 다 그 싹을 나 자신 안에 지니고 있지만 그것들을 단락지우지 않았기 때문에 나의 작품세계는 이 여섯 가지가 혼선을 일으키면서 지속되어왔다는 말이다.

이와 같은 나의 시의 사정은 시선詩選이란 이름을 감당할 수가 없었다. 왜 그러냐 하면 여섯 권의 시집을 다 낸 뒤가 아니면 시선이란 이름 아래 모을 작품이 따로 없을 뿐 아니라 상당한 수의 미발표 미수록 작품을 처리하기가 곤란했기 때문이다. 적어도 세 권의 시집이 아니면 그 전 작품을 한 권에 싣는 것이 이 난점을 해소하는 방법이 되겠으나 이는 오늘의 우리 현실에서는 불가능한 욕심이었다. 궁여의 일책으로 다섯 권 몫의 시집에서 한자리에 앉힐 수 있는 70편을 뽑아서 색책塞責한 것이 이 시집이다. 이로써 나의 제6시집 『기여초羇旅抄』 전편을 제외한 나머지 다섯 권에서 각기 15편 내외가 이 시선에 수록된 셈이다. 『청록집』에 수록된 나의 시는 세 권 몫에서 12편을 뽑은 것이요 『현대시집Ⅱ』소수所收의 졸시편은 네 권 몫의 시집에서 27편, 『풀잎단장』은 다섯 권 몫에서 35편을 뽑은 시선들인바, 그 대부분의 작품은 여러 번 중복되었고 수시로 소수 작품의 출입이 있었을 따름이다. 이 시선도 대부분은 여러 선집에 들었던 것 속에서 38편과 전연 들지 않았던 것 중에서 32편을 뽑아서 모은 것이다.

이 시집에 수록된 작품들은 연대순으로 놓여져 있지를 않다. 같은 계열의 작품을 한데 모아 5부에 나누고 그 다섯 부류가 이 시집 안에서 자연히 변이되는 하나의 모습을 만들기 위하여 그 차서를 새로 배정한 까닭이다. 그러므로 내 시를 읽어주는 이에게 참고가 될까 하여 '작품연표'를 따로이 붙였거니와 나의 시의 순차적 변천에 대하여서도 조금 언급해두는 것이 나의 예의일 것 같다.

내가 처음 시를 쓰기 시작할 때, 이를테면 습작시대의 바탕을 이루었던 작품세계와 그에 혈맥이 닿는 작품들을 제1부에 모았었다. 『지옥기』의 시편이 그것이다. 동인지 『백지白紙』에 참가했던 무렵을 전후해서부터 지금까지 간헐적으로 지속되어 온 작품세계이니 나의 암울과 회의, 화사와 감각은 이때부터 시작된 모양이다.

내가 처음 발을 붙였던 시세계는 「고풍의상, 승무」를 쓰면서부터 일변하였다. 이 시기는 ≪문장≫지의 추천을 받을 무렵이니 내 자신의 시를 정립하기 위한 발판은 이때 이루어졌던 것이다. 제5부 『고풍의상』의 시편들이 그것이다. 사라져가는 것에 대한 아쉬움의 애수, 민족정서에 대한 애착이 나를 이 세계로 끌어넣었던 줄로 안다.

그다음이 곧 내가 오대산 월정사로 들어간 시기이다. 주로 소품의 서정시, 선미禪味 와 관조에 뜻을 두어 슬프지 않은 몇 편을 이때에 얻었으니 제3부 『달밤』에 수록한 것이 그것이다.

그다음이 절간에서 돌아와 '조선어학회'에 있을 무렵의 시 또는 경주순례를 비롯하여 낙향 중의 방랑시편을 수록한 것이니 제4부의 『산우집山雨集』이 그것이다. 한만閑漫한 동양적 정서 이것은 그 시절 나의 향수였다.

고향으로 돌아가 해방을 맞는 동안에 쓰기 시작한 작품세계를 제2부 『풀잎단장』에 거두었다. 해방 후 사회적 혼란이 다소 가라앉은 후 다시 쓴 시편들 중에 이 계열에 속하는 것이 가장 많은 편이다. 자연과 인생 사랑과 미움에 대한 고요한 서정이 그 중심이 되어 있었다.

대개 이와 같은 순서로 나의 작품세계는 옮겨왔지만 작품연표에 보이는 바와 같이 전체적으로는 이러한 여러 계열이 뒤섞여서 쓰여졌음을 알 수 있으며 그러한 여러 작품계열의 바탕은 이미 해방 전에 마련된 것들임을 알 수 있다. 이러고 보면 나의 시는 별로 변한 것이 없다고도 할 수 있을 것이다.

여기 수록되지 않은 제6부의 『기여초』는 해방직전직후와 동란직전직후의 그 어두운 현실 속에서 고민의 도정을 노래한 것들인바 생각한 바 있어 여기서는 아주 편외編外에 두기로 하였다.

끝으로 이 시선을 위하여 어지러운 초고를 자진해서 읽어주었을 뿐 아니라 지기로서의 충고를 베풀어준 외우 서정주 형의 노고를 감사하며 우리의 오랜 우의를 다시 깨닫거니와 이렇게 하잘 것 없는 시를 모으게 된 것이라든지 또 이렇게 긴 후기까지 쓰게 된 것은 모두 최영해 형의 따뜻한 권고에 좇음임을 아울러 밝혀서 나의 감사를 삼는 한편 나로 하여금 속루俗累의 기롱譏弄 하나를 더 마련하게 한 친구들의 호의를 웃으면서 붓을 놓는다.

병신(1956년) 유하榴夏 성북의 침우당枕雨堂에서
저자 지 지 志之

<『조지훈 시선집』(1956. 12. 15.) 후기에서>

■ 차례 ──────── 승무

시인의 말

1

봉황수鳳凰愁   17

승무僧舞   18

낙화   20

민들레꽃   22

고풍의상古風衣裳   23

완화삼玩花衫 ―목월木月에게   24

고사古寺 1   25

석문石門   26

사모思慕   28

풀잎단장斷章   30

한국대표명시선100 조 지 훈

2

풀밭에서   33

파초우芭蕉雨   34

별리別離   35

무고舞鼓   36

산방山房   37

피리를 불면   38

절정絶頂   40

가야금   42

바다가 보이는 언덕에 서면   44

그리움   46

3

앵음설법鶯吟說法　49

흙을 만지며　50

대금　52

도라지꽃　54

화체개현花體開顯　55

창窓　56

눈 오늘 날에　58

영嶺　60

송행送行 1　61

향문香紋　62

4

꽃그늘에서　65

동물원의 오후　66

그대 형관荊冠을 쓰라
　—미美의 사제가 부르는 노래　68

산상의 노래　70

기다림　72

매화송梅花頌　73

설조雪朝　74

추일단장秋日斷章　75

산중문답山中問答　78

범종梵鐘　80

5 역사 앞에서 83
마음 84
맹세 86
빛을 찾아가는 길 88
첫 기도 89
도리원桃李院에서 90
다부원多富院에서 92
새아침에 94
뜨락에서 은방울 흔들리는 96
잠언箴言 98

조지훈 연보 99

1

봉황수鳳凰愁

　벌레 먹은 두리기둥 빛 낡은 단청 풍경 소리 날아간 추녀 끝에는 산새도 비둘기도 둥주리를 마구 쳤다. 큰 나라 섬기다 거미줄 친 옥좌 위엔 여의주 희롱하는 쌍룡 대신에 두 마리 봉황새를 틀어 올렸다. 어느 땐들 봉황이 울었으랴만 푸르른 하늘 밑 추석鰲石을 밟고 가는 나의 그림자. 패옥佩玉 소리도 없었다. 품석品石 옆에서 정일품正一品, 종구품從九品 어느 줄에도 나의 몸 둘 곳은 바이없었다. 눈물이 속된 줄을 모를 양이면 봉황새야 구천九天에 호곡號哭하리라.

승무僧舞

얇은 사紗 하이얀 고깔은
고이 접어서 나빌레라.

파르라니 깎은 머리
박사薄紗 고깔에 감추오고

두 볼에 흐르는 빛이
정작으로 고아서 서러워라.

빈 대臺에 황촉黃燭불이 말없이 녹는 밤에
오동잎 잎새마다 달이 지는데

소매는 길어서 하늘은 넓고
돌아설 듯 날아가며 사뿐히 접어 올린 외씨보선이여.

까만 눈동자 살포시 들어
먼 하늘 한 개 별빛에 모두오고

복사꽃 고운 뺨에 아롱질 듯 두 방울이야
세사에 시달려도 번뇌는 별빛이라.

휘어져 감기우고 다시 뻗어 접는 손이
깊은 마음속 거룩한 합장인 양하고

이 밤사 귀또리도 지새는 삼경인데
얇은 사 하이얀 고깔은 고이 접어서 나빌레라.

낙화

꽃이 지기로소니
바람을 탓하랴.

주렴 밖에 성긴 별이
하나 둘 스러지고

귀촉도 울음 뒤에
머언 산이 다가서다.

촛불을 꺼야 하리
꽃이 지는데

꽃 지는 그림자
뜰에 어리어

하이얀 미닫이가
우런 붉어라.

묻혀서 사는 이의
고운 마음을

아는 이 있을까
저허하노니

꽃이 지는 아침은
울고 싶어라.

민들레꽃

까닭 없이 마음 외로울 때는
노오란 민들레꽃 한 송이도
애처롭게 그리워지는데

아 얼마나한 위로이랴
소리쳐 부를 수도 없는 이 아득한 거리에
그대 조용히 나를 찾아오느니

사랑한다는 말 이 한마디는
내 이 세상 온전히 떠난 뒤에 남을 것

잊어버린다. 못 잊어 차라리 병이 되어도
아 얼마나한 위로이랴
그대 맑은 눈을 들어 나를 보느니

고풍의상 古風衣裳

하늘로 날을 듯이 길게 뽑은 부연 끝 풍경이 운다.
처마끝 곱게 늘이운 주렴에 반월半月이 숨어
아른아른 봄밤이 두견이 소리처럼 깊어가는 밤
곱아라 고아라 진정 아름다운지고
파르란 구슬빛 바탕에
자지빛 호장을 받친 호장저고리
호장저고리 하얀 동정이 환하니 밝도소이다.
살살이 퍼져 나린 곱은 선이
스스로 돌아 곡선을 이루는 곳.
열두 폭 기인 치마가 사르르 물결을 친다.
초마 끝에 곱게 감춘 운혜雲鞋, 당혜唐鞋
발자취 소리도 없이 대청을 건너 살며시 문을 열고,
그대는 어느 나라의 고전을 말하는 한 마리 호접
호접인 양 사풋이 춤을 추라, 아미蛾眉를 숙이고……
나는 이 밤에 옛날에 살아
눈 감고 거문고 줄 골라 보리니
가는 버들인 양 가락에 맞추어
흰 손을 흔들지이다.

완화삼玩花衫
— 목월木月에게

차운 산 바위 우에 하늘은 멀어
산새가 구슬피 울음 운다.

구름 흘러가는
물길은 칠백 리

나그네 긴 소매 꽃잎에 젖어
술 익는 강마을의 저녁노을이여.

이 밤 자면 저 마을에
꽃은 지리라.

다정하고 한 많음도 병인 양하여
달빛 아래 고요히 흔들리며 가노니……

고사古寺 1

목어木魚를 두드리다
졸음에 겨워

고오운 상좌 아이도
잠이 들었다.

부처님은 말이 없이
웃으시는데

서역 만리 길

눈부신 노을 아래
모란이 진다.

석문石門

    당신의 손끝만 스쳐도 소리 없이 열릴 돌문이 있습니다. 뭇사람이 조바심치나 굳이 닫힌 이 돌문 안에는 석벽 난간 石壁欄干 열두 층계 위에 이제 검푸른 이끼가 앉았습니다.

    당신이 오시는 날까지는 길이 꺼지지 않을 촛불 한 자루도 간직하였습니다. 이는 당신의 그리운 얼굴이 이 희미한 불 앞에 어리울 때까지는 천년이 지나도 눈감지 않을 저희 슬픈 영혼의 모습입니다.

    길숨한 속눈썹에 항시 어리우는 이 두어 방울 이슬은 무엇입니까? 당신의 남긴 푸른 도포 자락으로 이 눈썹을 씻으렵니까.
    두 볼은 옛날 그대로 복사꽃빛이지만 한숨에 절로 입술이 푸르러 감을 어찌합니까.
    몇만 리 굽이치는 강물을 건너와 당신의 따슨 손길이 저의 흰 목덜미를 어루만질 때 그때야 저는 자취도 없이 한 줌 티끌로 사라지겠습니다 어두운 밤하늘 허공중천에 바람처럼 사라지는 저의 옷자락은 눈물 어린 눈이 아니고는 보지 못 하오리다.

여기 돌문이 있습니다. 원한도 사모칠 양이면 지극한 정성에 열리지 않는 돌문이 있습니다 당신이 오셔서 다시 천년토록 앉아서 기다리라고 슬픈 비바람에 낡아가는 돌문이 있습니다.

사모思慕

그대와 마주앉으면
기인 밤도 짧고나

희미한 등불 아래
턱을 고이고

단둘이서 나누는
말없는 얘기

나의 안에서
다시 나를 안아주는

거룩한 광망光芒
그대 모습은

운명보담 아름답고
크고 밝아라

물들은 나뭇잎새
달빛에 젖어

비인 뜰에 귀또리와
함께 자는데

푸른 창가에
귀 기울이고

생각하는 사람 있어
밤은 차고나

풀잎단장斷章

무너진 성터 아래 오랜 세월을 풍설에 깎여 온 바위가 있다.
아득히 손짓하며 떠가는 언덕에 말없이 올라서서
한 줄기 바람에 조찰히 씻기우는 풀잎을 바라보며
나의 몸가짐 또한 실오리 같은 바람결에 흔들리노라.
아 우리들 태초의 생명의 아름다운 분신으로 여기 태어나
고달픈 얼굴을 마주 대고 나직이 웃으며 얘기하노니
　때의 흐름이 조용히 물결치는 것에 그윽히 피어오르는
한 떨기 영혼이여.

2

풀밭에서

바람이 부는 벌판을 간다. 흔들리는 내가 없으면 바람은 소리조차 지니지 않는다. 머리칼과 옷고름을 날리며 바람이 웃는다. 의심할 수 없는 나의 영혼이 나직이 바람이 되어 흐르는 소리.

어디를 가도 새로운 풀잎이 고개를 든다. 땅을 밟지 않곤 나는 바람처럼 갈 수가 없다. 조약돌을 집어 바람 속에 던진다. 이내 떨어진다. 가고는 다시 오지 않는 그리운 사람을 기다리기에 나는 영영 사라지지 않는다.

차라리 풀밭에 쓰러진다. 던져도 하늘에 오를 수 없는 조약돌처럼 사랑에는 뉘우침이 없다. 내 지은 죄는 끝내 내가 지리라. 아 그리움 하나만으로 내 영혼이 바람 속에 간다.

파초우芭蕉雨

외로이 흘러간 한 송이구름
이 밤을 어디메서 쉬리라던고.

성긴 빗방울
파초 잎에 후두기는 저녁 어스름

창 열고 푸른 산과
마주앉아라.

들어도 싫지 않은 물소리기에
날마다 바라도 그리운 산아

온 아침 나의 꿈을 스쳐간 구름
이 밤을 어디메서 쉬리라던고.

별리別離

푸른 기와 이끼 낀 지붕 너머로
나즉히 흰 구름은 피었다 지고
두리기둥 난간에 반만 숨은 색시의
초록 저고리 당홍치마 자락에
말없는 슬픔이 쌓여오느니—

십리라 푸른 강물은 휘돌아 가는데
밟고 긴 자취는 바람이 밀어가고

방울소리만 아련히
끊질 듯 끊질 듯 고운 뫼아리

발 돋우고 눈 들어 아득한 연봉連峰을 바라보나
이미 어진 선비의 그림자는 없어……
자주고름에 소리 없이 맺히는 이슬방울

이제 임이 가시고 가을이 오면
원앙침鴛鴦枕 비인 자리를 무엇으로 가리울꼬

꾀꼬리 노래하던 실버들 가지
꺾어서 채찍 삼고 가옵신 님아……

무고 舞鼓

진주 구슬 오소소 오색 무늬 뿌려놓고
긴 자락 칠색선線 화관 몽두리.

수정 하늘 반월半月 속에 채의彩衣 입은 아가씨
피리 젓대 고운 노래 잔조로운 꿈을 따라

꽃구름 휘몰아서 발아래 감고
감은 머리 푸른 수염 네 활개를 휘돌아라.

맑은 소리 품은 고鼓 한 송이 꽃을
호접蝴蝶의 나래가 싸고돌더니

풀밭에 앉은 나비 다소곳이 물러가고
꿀벌의 날개 끝에 맑은 청 고鼓가 운다.

은무지개 너머로 작은 별 하나
꽃수실 채색 무늬 화관 몽두리.

산방山房

닫힌 사립에
꽃잎이 떨리노니

구름에 싸인 집이
물소리도 스미노라.

단비 맞고 난초 잎은
새삼 치운데

볕바른 미닫이를
꿀벌이 스쳐간다.

바위는 제 자리에
옴찍 않노니

푸른 이끼 입음이
자랑스러라.

아스럼 흔들리는
소소리바람
고사리 새순이
도르르 말린다.

피리를 불면

다락에 올라서
피리를 불면

만리 구름길에
학이 운다

이슬에 함초롬
젖은 풀잎

달빛도 푸른 채로
산을 넘는데

물 우에 바람이
흐르듯이

내 가슴에 넘치는
차고 흰 구름

다락에 기대어
피리를 불면

꽃비 꽃바람이
눈물에 어리어

바라뵈는 자하산紫霞山
열두 봉우리

싸리나무 새순 뜯는
시슴도 운다.

절정絶頂

　나는 어느새 천길 낭떠러지에 서 있었다. 이 벼랑 끝에 구름 속에 또 그리고 하늘가에 이름 모를 꽃 한 송이는 누가 피워 두었나 흐르는 물결이 바위에 부딪칠 때 튀어오르는 물방울처럼 이내 공중에서 사라져 버리고 말 그런 꽃잎이 아니었다.

　몇만 년을 울고 새운 별빛이기에 여기 한 송이 꽃으로 피단 말가 죄지은 사람의 가슴에 솟아오르는 샘물이 눈가에 어리었다간 그만 불붙는 심장으로 염통 속으로 스며들어 작은 그늘을 이루듯이 이 작은 꽃잎에 이렇게도 크낙한 그늘이 있을 줄은 몰랐다.

　한 점 그늘에 온 우주가 덮인다. 잠자는 우주가 나의 한 방울 핏속에 안긴다 바람도 없는 곳에 꽃잎은 바람을 일으킨다 바람을 부르는 것은 날 오라 손짓하는 것 아 여기 먼 곳에서 지극히 가까운 곳에서 보이지 않는 꽃나무 가지에 심장이 찔린다 무슨 야수의 체취와도 같이 전율할 향기가 옮겨 온다.

나는 슬기로운 사람이 아니었다 그러기에 한 송이 꽃에 영원을 찾는다 나는 또 철모르는 어린애도 아니었다 영원한 환상을 위하여 절정의 꽃잎에 입맞추고 길이 잠들어버릴 자유를 포기한다.

다시 산길을 내려온다 조약돌은 모두 태양을 호흡하기 위하여 비수처럼 빛나는데 내가 산길을 오를 때 쉬어가던 주마에는 옛 주인이 그대로 살고 있었다 이마에 주름살이 몇 개 더 늘었을 뿐이었다 울타리에 복사꽃만 구름같이 피어 있었다 청댓잎 잎새마다 새로운 피가 돌아 산새는 그저 울고만 있었다.

문득 한 마리 흰나비! 나비! 나비! 나를 잡지 말아다오 나의 인생은 나비 날개의 가루처럼 가루와 함께 절명絶命하기에—아 눈물에 젖은 한 마리 흰나비는 무엇이냐 절정의 꽃잎을 가슴에 물들이고 사邪된 마음이 없이 죄지은 참회에 내가 고요히 웃고 있었다.

가야금

1

휘영청 달 밝은 제 창을 열고 홀로 앉다
품에 가득 국화 향기 외로움이 병이어라.

푸른 담배 연기 하늘에 바람 차고
붉은 술그림자 두 뺨이 더워 온다.

천지가 괴괴한데 찾아올 이 하나 없다
우주가 망망茫茫해도 옛 생각은 새로워라.

달 아래 쓰러지니 깊은 밤은 바다런 듯
창망蒼茫한 물결소리 초옥草屋이 떠나간다

2

조각배 노 젓듯이 가얏고를 앞에 놓고
열두 줄 고른 다음 벽에 기대 말이 없다.

눈 스르르 감고 나니 흥이 먼저 앞서노라
춤추는 열 손가락 제대로 맡길랏다.

구름 끝 드높은 길 외기러기 울고 가네
은하 맑은 물에 뭇별이 잠기다니.

내 무슨 한이 있어 흥망도 꿈속으로
잊은 듯 되살아서 임 이름 부르는고.

   3
풍류 가얏고에 이는 꾼이 가이없다
열두 줄 다 끊어도 울리고 말 이 심사라.

줄줄이 고로 눌러 맺힌 시름 풀이랏다
머리를 끄덕이고 손을 잠깐 슬쩍 들어

뚱뚱 뚱 두두 뚱뚱 홍홍 응 두두뚱 뚱
조격調格을 다 잊으니 손끝에 피맺힌다.

구름은 왜 안 가고 달빛은 무삼일 저리 흰고
높아가는 물소리에 청산이 무너진다.

바다가 보이는 언덕에 서면

바다가 보이는 언덕에 서면
나는 아직도 작은 짐승이로다.

인생은 항시 멀리
구름 뒤에 숨고

꿈결에도 아련한
피와 고기 때문에

나는 아직도
괴로운 짐승이로다.

모래밭에 누워서
햇살 쪼이는 꽃조개같이

어두운 무덤을 헤매는 망령(亡靈)인 듯
가련한 거이와 같이

언제가 한 번은
손들고 몰려오는 물결에 휩싸일

나는 눈물을 배우는 짐승이로다
바다가 보이는 언덕에 서면.

그리움

　머언 바다의 물보래 젖어 오는 푸른 나무 그늘 아래 늬가 말없이 서 있을 적에 늬 두 눈썹 사이에 마음의 문을 열고 하늘을 내다보는 너의 영혼을 나는 분명히 볼 수가 있었다.

　늬 육신의 어디메 깃든지를 너도 모르는 서러운 너의 영혼을 늬가 이제 내 앞에 다시없어도 나는 역력히 볼 수가 있구나

　아아 이제사 깨닫는다. 그리움이란 그 육신의 그림자가 보이는 게 아니라 천지에 모양 지을 수 없는 아득한 영혼이 하나 모습 되어 솟아오는 것임을…….

3

앵음설법鶯吟說法

　벽에 기대 한나절 조을다 깨면 열어 제친 창으로 흰 구름 바라기가 무척 좋아라.
　노수좌老首座는 오늘도 바위에 앉아 두 눈을 감은 채로 염주만 센다.
　스스로 적멸하는 우주 가운데 먼지 앉은 경經이야 펴기 싫어라.
　전연篆煙이 어리는 골 아지랑이 피노니 떨기나무에 우짖는 꾀꼬리 소리.
　이 골 안 꾀꼬리 고운 사투린 범패梵唄 소리처럼 낭랑하고나.
　벽에 기대 한나절 조을다 깨면 지나는 바람결에 속잎 피는 고목이 무척 좋아라.

흙을 만지며

여기 피비린 옥루玉樓를 헐고
따사한 햇살에 익어가는
초가삼간을 나는 짓자.

없는 것 두고는 모두 다 있는 곳에
어쩌면 이 많은 외로움이 그물을 치나.

허공에 박힌 화살을 뽑아
한 자루 호미를 벼루어 보자.

풍기는 흙냄새에 귀 기울이면
뉘우침의 눈물에서 꽃이 피누나.

마지막 돌아갈 이 한 줌 흙을
스며서 흐르는 산골 물소리.

여기 가난한 초가를 짓고
푸른 하늘이 사철 넘치는
한 그루 나무를 나는 심자.

있는 것밖에는 아무것도 없는 곳에
어쩌면 이 많은 사랑이 그물을 치나.

대금

어디서 오는가
그 맑은 소리

처음도 없고
끝도 없는데

샘물이 꽃잎에
어리우듯이

촛불이 바람에
흔들리누나

영원은 귀로 듣고
찰나는 눈앞에 진다

운소雲霄에 문득
기러기 울음

사랑도 없고
회한도 없는데

무시無始에서 비롯하여
허무에로 스러지는

울리어 오라
이 슬픈 소리

도라지꽃

기다림에 야윈 얼굴
물 우에 비초이며

가녀린 매무새
홀로 돌아앉다.

못 견디게 향기로운
바람결에도

입 다물고 웃지 않는
도라지꽃아.

화체개현 花體開顯

실눈을 뜨고 벽에 기대인다 아무 것도 생각할 수가 없다

짧은 여름밤은 촛불 한 자루도 못다 녹인 채 사라지기 때문에 섬돌 우에 문득 석류꽃이 터진다

꽃망울 속에 새로운 우주가 열리는 파동! 아 여기 태고太古적 바다의 소리 없는 물보래가 꽃잎을 적신다

방 안 하나 가득 석류꽃이 물들어 온다. 내가 석류꽃 속으로 들어가 앉는다. 아무것도 생각할 수가 없다

창窓

강냉이 수숫대 자란
푸른 밭을 뜰로 삼고

구름이 와서 자다
흘러가고……

가고 가면 무덤에
이른다는 오솔길이

비둘기 우는 밭머리에
닿았습니다.

외로이 스러지는 생명의
모든 그림자와

등을 마주 대고 돌아앉아
말없이 우는 곳

지대한 공간을 막고
다시 무한에 통하나니

내 여기 기대어
깊은 밤 빛나는 별이나

이른 아침
떨리는 꽃잎과 애기하여라.

눈 오는 날에

검정 수목 두루마기에
흰 동정 달아 입고
창에 기대면

박넌출 상기 남은
기울은 울타리 위로 장독대 위로
새하얀 눈이
나려 쌓인다

홀로 지니던 값진 보람과
빛나는 자랑을 모조리 불사르고
소슬한 바람 속에
낙엽처럼 무념히 썩어 가면은

이 허망한 시공時空 위에
내 외로운 영혼 가까이
꽃다발처럼 꽃다발처럼
하이얀 눈발이
나려 쌓인다

마음 이리 고요한 날은
아련히 들려오는
서라벌 천년의 풀피리 소리

비애로 하여 내 혼이 야위기에는
절망이란 오히려
나리는 눈처럼 포근하고나.

영 嶺

　흰 구름에 싸여 십리길 높은 고개를 넘어서면 마을로 가는 작은 길가에 보리밭이 바람에 흔들린다. 내가 고개로 넘어오던 날은 마을에 삽살개 짖고 망아지 송아지 염소 모두 달아나고 멧새 비둘기도 날아가더니 사흘도 못 가 나는 잔디밭에서 그들과 벗을 한다. 내가 알던 동무같이 자란 계집애는 돈 벌러 달아나고 먼 마을로 시집가고 마슬의 어린애야 누구 아들인지 알 리 있나. 내가 떠날 때 망아지 송아지 염소가 서러웁다 하면 영 너머 가기 어려우리만…… 내가 간 뒤에는 면서기가 새하얀 여름 모자를 쓰고 산 밑 주막에서 구장區長과 막걸리를 마실 게고 나는 서울 가는 기차 속에서 고향을 잃은 슬픔에 차창에 기대어 눈을 감을 것이니 이 영을 넘는 날 나에게는 낡은 트렁크와 흰 구름밖에는 아무도 따라오질 않으리라.

송행送行 1

그대를 보내노니
푸른 산길에

자욱이 꽃잎이
흩날리노라

가고 가면 꽃비 속에
배일白日은 지리

날 두고 그대 홀로
떨치고 간 소매가

섧지 않으랴

향문 香紋

성터 거닐다 주워온 깨진 질그릇 하나
닦고 고이 닦아 열 오른 두 볼에 대어보다.

아무렇지도 않은 곳에 무르녹는 옛 향기라
질항아리에 곱게 그린 구름무늬가
금시라도 하늘로 피어날 듯 아른하다.

눈감고 나래 펴는 향그로운 마음에
머언 그 옛날 할아버지 흰 수염이
아주까리 등불에 비치어 자애롭다.

꽃밭에 놓고 이슬 받아 책상에 올리면
그 밤 내 베갯머리에 옛날을 보리니
옛날을 봐도 내사 울지 않으련다.

4

꽃그늘에서

눈물은 속으로 숨고
웃음 겉으로 피라

우거진 꽃송이 아래
조촐히 굴르는 산골 물소리……

바람 소리 굇고리 소리
어지러이 덮덮이 꽃잎새 꽃낭구

꽃다움 아래로
말없이 흐르는 물

아하 그것은
내 마음의 가장 큰 설움이러라

하잔한 두어 줄 글 이것이
어찌타 내 청춘의 모두가 되노

동물원의 오후

마음 후줄근히 시름에 젖는 날은
동물원으로 간다

사람으로 더불어 말할 수 없는 슬픔을
짐승에게라도 하소연해야지

난 너를 구경 오진 않았다
뺨을 부비며 울고 싶은 마음,
혼자서 숨어 앉아 시詩를 써도
읽어줄 사람이 있어야지
쇠창살 앞을 걸어가며
정성스레 써서 모은 시집을 읽는다.

철책 안에 갇힌 것은 나였다
문득 돌아다보면
사방에서 창살 틈으로
이방異邦의 짐승들이 들여다본다.

'여기 나라 없는 시인이 있다」고
속삭이는 소리……

무인無人한 동물원의 오후 전도된 위치에
통곡과도 같은 낙조落照가 물들고 있었다.

그대 형관荊冠을 쓰라
― 미美의 사제가 부르는 노래

그대 칠보의 관冠을 벗고
삼가 형극荊棘의 관을 머리에 이라.

그대 아름다운 상아의 탑에서 나와
메마른 황토 언덕 거칠은 이 땅을 밟으라.

노래하는 새, 꽃이팔 하나 없는 이 길 위에
그대 거룩한 원광圓光으로 빛부시게 하라.

눈물 이슬 되어 풀잎에 맺히고
양심의 태양 하늘에 빛내고저

그대 너그러운 덕이여
소란한 세상에 내리라.

날 오라 부르는 그대 음성
언제나 귓가에 사무치건만

아직도 내 스스로
그대 앞에 돌아가지 못함은

사악邪惡의 얽힘 속에 괴롬의 쓴 잔을 들고
불의에 굽히지 않는 그대의 법도를 받음이니

그대 약한 자의 벗,
맨발 벗고 이 가시밭길을 밟으라
여기 황야에 나를 이끌어
목놓아 울게 하라.

이 세상 더러움
오로 다 나로 하여 있는 듯
오늘 신음하는 무리 앞에
진실로 죄로움을

제 눈물로 적시어 씻게 하느니
오오 시詩여 빛이여 힘이여!

산상의 노래

높으디높은 산마루
낡은 고목에 못 박힌 듯 기대여
내 홀로 긴 밤을
무엇을 간구하며 울어왔는가.

아아 이 아침
시들은 핏줄의 굽이굽이로
사늘한 가슴의 한복판까지
은은히 울려오는 종소리

이제 눈 감아도 오히려
꽃다운 하늘이거니
내 영혼의 촛불로
어둠 속에 나래 떨던 샛별아 숨으라

환히 트이는 이마 우
떠오르는 햇살은
시월상달의 꿈과 같고나

메마른 입술에 피가 돌아
오래 잊었던 피리의
가락을 더듬노니

새들 즐거이 구름 끝에 노래 부르고
사슴과 토끼는
한 포기 향기로운 싸릿순을 사양하라.

여기 높으디높은 산마루
맑은 바람 속에 옷자락을 날리며
내 홀로 서서
무엇을 기다리며 노래하는가.

기다림

고운 임 먼 곳에 계시기
내 마음 애련하오나

먼 곳에나마 그리운 이 있어
내 마음 밝아라.

설운 세상에 눈물 많음을
어이 자랑삼으리.

먼 훗날 그때까지 임 오실 때까지
말없이 웃으며 사오리다.

부질없는 목숨 진흙에 던져
임 오시는 길녘에 피고 져라.

높거신 임의 모습 뵈올 양이면
이내 시든다 설울 리야……

어두운 밤하늘에
고운 별아.

매화송 梅花頌

매화꽃 다 진 밤에
호젓이 달이 밝다.

구부러진 가지 하나
영창에 비치나니

아리따운 사람을
멀리 보내고

빈 방에 내 홀로
눈을 감아라.

비단옷 감기듯이
사늘한 바람결에

떠도는 맑은 향기
암암한 옛 양자라

아리따운 사람이
다시 오는 듯
보내고 그리는 정도
싫지 않다 하여라.

설조雪朝

천산千山에
눈이 내린 줄을
창 열지 않곤
모를 건가.

수선화
고운 뿌리가
제 먼저
아는 것을—

밤 깊어 등불가에
자욱이 날아오던
상념의
나비 떼들

꿈속에 그 눈을 맞으며
아득한 벌판을
내 홀로
걸어갔거니

추일단장 秋日斷章

  1
갑자기
산봉우리가 치솟기에

창을 열고
고개를 든다.

깎아지른 돌며랑이사
사철 한 모양

구름도 한 오리 없는
낙목한천 落木寒天을

무어라 한 나절
넋을 잃노.

  2
마당 가장귀에
얇은 햇살이 내려앉을 때

장독대 위에
마른 바람이 맴돌 때

부엌 바닥에
북어 한 마리

마루 끝에
마시다 둔 술 한 잔
뜰에 내려 영영營營히
일하는 개미를 보다가

돌아와 먼지 앉은
고서를 읽다가……

3

장미의 가지를
자르고
파초를 캐어놓고
젊은 날의 안타까운

사랑과

소낙비처럼
스쳐간
격정의 세월을
잊어버리자.

가지 끝에 매어달린
붉은 감 하나

성숙의 보람에는
눈발이 묻어온다,

팔짱을 끼고
귀 기울이는

개울
물소리.

산중문답 山中問答

"새벽닭 울 때 들에 나가 일하고
달 비친 개울에 호미 씻고 돌아오는
그 맛을 자네 아능가"

"마당가 멍석자리 삽살개도 같이 앉아
저녁을 먹네
아무데나 누워서 드렁드렁 코를 골다가
심심하면 퉁소나 한 가락 부는
그런 멋을 자네가 아능가"

"구름 속에 들어가 아내랑 밭을 매면
늙은 아내도 이뻐 뵈네
비 온 뒤 앞개울 고기
아이들 데리고 낚는 맛을
자네 태고 적 살림이라꼬 웃을라능가"

"큰일 한다고 고장 버리고 떠나간 사람
잘되어 오는 놈 하나 없데
소원이 뭐가 있능고
해마다 해마다 시절이나 틀림없으라고
비는 것뿐이제"

"마음 편케 살 수 있도록
그 사람들 나랏일이나 잘 하라꼬 하게
내사 다른 소원 아무것도 없네
자네 이 마음을 아능가"

노인은 눈을 감고 환하게 웃으며
막걸리 한 잔을 따뤄주신다.

"예 이 맛은 알 만합니더"
청산青山 백운白雲아
할말이 없다

범종 梵鐘

무르익은 과실이
가지에서 절로 떨어지듯이 종소리는
허공에서 떨어진다. 떨어진 그 자리에서
종소리는 터져서 빛이 되고 향기가 되고
다시 엉기고 맴돌아
귓가에 가슴속에 메아리치며 종소리는
웅 웅 웅 웅 웅……
삼십삼천三十三天을 날아오른다 아득한 것.

종소리 우에 꽃방석을
깔고 앉아 웃음 짓는 사람아
죽은 자가 깨어서 말하는 시간
산 자는 죽음의 신비에 젖은
이 텡하니 비인 새벽의
공간을
조용히 흔드는
종소리
너 향기로운
과실이여!

5

역사 앞에서

만신滿身에 피를 입어 높은 언덕에
내 홀로 무슨 노래를 부른다
언제나 찬란히 틔어 올 새로운 하늘을 위해
패자敗者의 영광이여 내게 있으라.

나조차 뜻 모를 나의 노래를
허공에 못 박힌 듯 서서 부른다.
오기 전 기다리고 온 뒤에도 기다릴
영원한 나의 보람이여

묘막渺漠한 우주에 고요히 울려가는 설움이 되라.

마음

찔레꽃 향기에
고요가 스며
청대잎 그늘에
바람이 일어

그래서 이 밤이
외로운가요
까닭도 영문도
천만 없는데

바람에 불리고
물 우에 떠가는
마음이 어쩌면
잠자나요.

서늘한 모습이
달빛에 어려

또렷한 슬기가
별빛에 숨어

그래서 이 밤이
서러운가요
영문도 까닭도
천만 없는데

별 보면 그립고
달 보면 외로운

마음이 어쩌면
잊히나요.

맹세

만년萬年을 싸늘한 바위를 안고도
뜨거운 가슴을 어찌하리야.

어둠에 창백한 꽃송이마다
깨물어 피 터진 입을 맞추어

마지막 한 방울 피마저 불어 넣고
해 돋는 아침에 죽어 가리야.

사랑하는 것 사랑하는 모든 것 다 잃고라도
흰 뼈가 되는 먼 훗날까지
그 뼈가 부활하여 다시 죽을 날까지

거룩한 일월日月의 눈부신 모습
임의 손길 앞에 나는 울어라.

마음 가난하거니 임을 위해서
내 무슨 자랑과 선물을 지니랴.

의로운 사람들이 피 흘린 곳에
솟아오른 대나무로 만든 피리뿐

흐느끼는 이 피리의 아픈 가락이
구천九天에 사무침을 임은 듣는가.

미워하는 것 미워하는 모든 것 다 잊고라도
붉은 마음이 숯이 되는 날까지
그 숯이 되살아 다시 재 될 때까지

못 잊힐 모습을 어이하리야
거룩한 이름 부르며 나는 울어라.

빛을 찾아가는 길

사슴이랑 이리 함께 산길을 가며
바위틈에 어리우는 물을 마시면

살아 있는 즐거움의 저 언덕에서
아련히 풀피리도 들려오누나.

해바라기 닮아 가는 내 눈동자는
자운紫雲 피어나는 청동의 향로

동해 동녘 바다에 해 떠오는 아침에
북받치는 설움을 하소하리라.

돌부리 가시밭에 다친 발길이
아물어 꽃잎에 스치는 날은

푸나무에 열리는 과일을 따며
춤과 노래도 가꾸어 보자.

빛을 찾아가는 길의 나의 노래는
슬픈 구름 걷어가는 바람이 되라.

첫 기도

이 장벽을 무너뜨려 주십시오 하늘이여
그리운 이의 모습 그리운 사람의 손길을 막고 있는
이 저주받은 장벽을 무너뜨려 주십시오.

무참히 스러진 선의의 인간들
그들의 푸른 한숨 속에 이끼가 앉아 있는 장벽을
당신의 손으로 하루아침에 허물어 주십시오.

다만 하나이고저—둘이 될 수 없는 국토를
아픈 배 부벼주시는 약손같이 그렇게 자애롭게
쓸어 주십시오.

이 가슴에서 저 가슴에로 종소리처럼 울려나가는
우리 원願이 올해사—
모조리 터져 불붙고, 재가 되어도 이 장벽을 열어 주십시오.

빛을 주십시오 황소처럼 터지는 울음을 주십시오 하늘이여—

도리원桃李院에서

그렇게 안타깝던 전쟁도
지나고 보면 일진一陣의 풍우風雨보다 가볍다.

불타 버린 초가집과
주저앉은 오막살이—

이 붕괴와 회진灰燼의 마을을
내 오늘 초연히 지나가노니

하늘이 은혜하여 호전互全을 이룬 자는
오직 낡은 장독이 있을 뿐

아 나의 목숨도 이렇게 질그릇처럼
오늘에 남아 있음을 다시금 깨우쳐 준다.

흩어진 마을 사람들 하나 둘 돌아와
빈터에 서서 먼 산을 보는데

하늘이사 푸르기도 하다.
도리원 가을볕에

애처로운 코스모스가
피어서 칩다.

다부원多富院에서

한 달 농성籠城 끝에 나와 보는 다부원은
얇은 가을 구름이 산마루에 뿌려져 있다.

피아彼我 공방攻防의 포화가
한 달을 내리 울부짖던 곳

아아 다부원은 이렇게도
대구에서 가까운 자리에 있었고나.

조그만 마을 하나를
자유의 국토 안에 살리기 위해서는
한 해살이 푸나무도 온전히
제 목숨을 다 마치지 못했거니

사람들아 묻지를 말아라
이 황폐한 풍경이
무엇 때문의 희생인가를……

고개 들어 하늘에 외치던 그 자세대로
머리만 남아 있는 군마의 시체

스스로의 뉘우침에 흐느껴 우는 듯
길옆에 쓰러진 괴뢰군 전사

일찍이 한 하늘 아래 목숨 받아
움직이던 생령生靈들이 이제

싸늘한 가을바람에 오히려
긴 고동이 냄새로 써고 있는 다부원

진실로 운명의 말미암음이 없고
그것을 또한 믿을 수가 없다면
이 가련한 주검에 무슨 안식이 있느냐.

살아서 다시 보는 다부원은
죽은 자도 산 자도 다 함께
안주安住의 집이 없고 바람만 분다.

새아침에

모든 것이 뒤바뀌어 질서를 잃을지라도
성신星辰의 운행만은 변하지 않는 법도를 지니나니
또 삼백예순날이 다 가고 사람 사는 땅위에
새해 새아침이 열려오누나.

처음도 없고 끝도 없는
이 영겁의 둘레를
뉘라서 짐짓 한 토막 짤라
새해 첫날이라 이름 지었던가.

뜻 두고 이루지 못한 한은
태초 아래로 있었나부다.
다시 한 번 의욕을 불태워
스스로를 채찍질하라고
그 불퇴전의 결의를 위하여
새아침은 오는가.

낡은 것과 새것을 의와 불의를
삶과 죽음을—
그것만을 생각하다가 또 삼백예순날은 가리라.

굽이치는 산맥 위에 보랏빛 하늘이 열리듯이
출렁이는 파도 위에
이글이글 태양이 솟듯이
그렇게 열리라 또 그렇게 솟으라.
꿈이여.

뜨락에서 은방울 흔들리는

뜨락에서
은방울 흔들리는 소리가 난다.

아기가 벌써 깼나 보군

창을 열치니 얄푸른 잎새마다
이슬이 하르르 떨어진다.

이슬 구르는 소리가
그렇게 클 수 있담

꿈과 생시가 넘나드는
창턱에 기대 앉아
눈이 다시 사르르 감긴다.

봄잠은 달구나
생각하는 대로 꿈이 되는,

희미한 기억의 저 편에서
소녀들이 까르르 웃어댄다.

개울 물소린지도 모르지
감은 눈이 환해 오기에
해가 뜨나 했더니
그것은 피어오르는 복사꽃 구름.

아 이 아침 나를
창 앞으로 유혹한 것은 무엇인가

꽃그늘을 흔들어 놓고
산새가 파르르 날아간다.

잠언箴言

너희 착하디착한 마음을 짓밟는
불의한 권력에 저항하라.

사슴을 가리켜 말이라 하는 세상에
그것을 그런 양하려는
너희 그 더러운 마음을 고발하라.

보리를 콩이라고 짐짓 눈감으려는
너희 그 거짓 초연한 마음을 침 뱉으라.
모난 돌이 정을 맞는다고?
둥근 돌은 굴러 떨어지느니—

병든 세월에 포용되지 말고
너희 양심을 끝까지
소인小人의 칼날 앞에 겨누라.

먼저 너 자신의 더러운 마음에 저항하라.
사특한 마음을 고발하라.

그리고 통곡하라.

조 지 훈

연 보

1920(1세) 12. 3. 경북 영양군 일월면 주곡동에서 부 조헌영趙憲泳(제헌 및 2대 국회의원, 6·25 때 납북됨) 모 유노미柳魯尾의 3남 1녀 가운데 차남으로 출생.

1925(5세) 3년 간 조부 조인석趙寅錫으로부터 한문 수학, 영양보통학교에 다님.

1934(14세) 와세다대학 통신강의록 공부함.

1935(15세) 시 습작에 손을 댐.

1936(16세) 첫 상경, 오일도吳一島의 시원사詩苑社에서 머무름. 인사동에서 고서점 '일월서방'을 열다. 조선어학회에 관계함. 『살로메』를 번역함. 초기 작품 「춘일春日」「부시浮屍」등을 씀. 「된소리에 대한 일 고찰」발표함.

1939(19세) 《문장》 3월호에 「고풍의상」이 12월호에 「승무」가 추천됨. 동인지 『백지白紙』발간함.

1940(20세) 《문장》 2월호에 「봉황수」가 추천됨. 김위남金渭男(난희蘭姬)과 결혼함.

1941(21세) 혜화전문학교 졸업(3월). 오대산 월정사 불교 강원 외전강사 취임(4월). 상경(12월).

1942(22세) 조선어학회 『큰사전』편찬원(3월). 조선어학회 사건으로 검거되어 심문 받음(10월). 경주를 다녀옴. 목월木月과 처음 교유.

1943(23세) 낙향(9월).

1945(25세) 조선문화건설협의회 회원(8월). 한글학회 [국어교본 편찬원](10월). 명륜전문학교 강사(10월). 진단학회 [국사교본 편찬원](11월).

1946(26세) 경기여고 교사(2월). 전국문필가협회 중앙위원(3월). 청년문학가협회 고전문학부장(4월). 서울여자의전 교수(9월).
박목월의 시 15편, 박두진의 시 13편, 조지훈의 시 12편을 모아 『청록집』(을유문화사) 간행.

1947(27세) 전국문화단체총연합회 창립위원(2월). 동국대 강사(4월).

1948(28세)) 고려대학교 문과대학 교수(10월).

1949(29세) 한국문학가협회 창립위원(10월).

1950(30세) 총구국대 기획위원장(7월). 종군하여 평양에 다녀옴(10월).

1951(31세) 종군문인단 부단장(5월).

1952(32세) 첫 시집 『풀잎단장』(창조사) 간행.

1953(33세) 평론집 『시와 인생』(박영사), 평론집 『시의 원리』(산호장) 간행.

1956(36세) 『조지훈 시선』(정음사) 간행. 자유문학상 수상.

1958(38세) 한용운 전집 간행위원회를 만해萬海의 지기 및 후학들과 함께 구성함. 수상집 『창에 기대어』(범조사) 간행.

1959(39세) 시집 『역사 앞에서』(신구문화사) 간행. 시론집 『시의 원리』 개정판 간행. 수상집 『시와 인생』 간행. 번역서 『채근담菜根譚』 간행.

1960(40세) 한국교수협회 중앙위원. 세종대왕 기념사업회 이사. 3.1 독립선언 기념비건립위원회 이사. 고려대아세아문제연구소 평의원.

1961(41세) 세계문화 자유회의 한국본부 창립위원. 벨기에의 크로케에서 열린 국제시인회의에 한국대표로 참가. 한국휴머니스트회 평의원.

1962(42세) 고려대 한국고전국역위원장. 『지조론志操論』 간행.

1963(43세) 고려대 민족문화연구소 초대 소장. 『한국문화사대계』 제6권 기획. 『한국민족운동사』 집필.

1964(44세) 시집 『여운餘韻』(일조각), 수상집 『돌의 미학』(고대출판부) 간행.
동국대 동국역경원 위원. 『한국문화사대계』 제1권 『민족, 국가사』『한국문화사서설韓國文化史序說』 간행.

1965(45세) 성균관대 대동문화연구원 편찬위원.

1966(46세) 민족문화추진위원회 편집위원.

1967(47세) 한국시인협회 회장. 한국 신시 60년 기념사업회 회장.

1968(48세) 5월 17일 새벽 5시 40분 기관지 확장으로 영면. 경기도 양주군 마석리 송라산에 묻힘.

〚한국대표명시선100〛을 펴내며

　한국 현대시 100년의 금자탑은 장엄하다. 오랜 역사와 더불어 꽃피워온 얼·말·글의 새벽을 열었고 외세의 침략으로 역경과 수난 속에서도 모국어의 활화산은 더욱 불길을 뿜어 세계문학 속에 한국시의 참모습을 드러내게 되었다.
　이 나라는 글의 나라였고 이 겨레는 시의 겨레였다. 글로 사직을 지키고 시로 살림하며 노래로 산과 물을 감싸왔다. 오늘 높아져 가는 겨레의 위상과 자존의 바탕에도 모국어의 위대한 용암이 들끓고 있음이다.
　이제 우리는 이 땅의 시인들이 척박한 시대를 피땀으로 경작해온 풍성한 시의 수확을 먼 미래의 자손들에게까지 누리고 살 양식으로 공급하는 곳간을 여는 일에 나서야 할 때임을 깨닫고 서두르는 것이다.
　일찍이 만해는 「님의 침묵」으로 빼앗긴 나라를 되찾고 잃어가는 민족정신을 일으켜 세우는 밑거름으로 삼았으며 그 기름의 뜻은 높은 뫼로 솟아오르고 너른 바다로 뻗어 나가고 있다.
　만해가 시를 최초로 활자화한 것은 옥중시 「무궁화를 심고자」(《개벽》 27호 1922.9)였다. 만해사상실천선양회는 그 아흔 돌을 맞아 만해의 시정신을 기리는 일의 하나로 '한국대표명시선100'을 펴내게 된 것이다.
　이로써 시인들은 더욱 붓을 가다듬어 후세에 길이 남을 명편들을 낳는 일에 나서게 될 것이고, 이 겨레는 이 크나큰 모국어의 축복을 길이 가슴에 새겨나갈 것이다.

만해사상실천선양회

한국대표명시선100 | 조 지 훈

승 무

1판1쇄 발행 2013년 7월 25일
1판3쇄 발행 2019년 5월 31일

지 은 이 조지훈
뽑 은 이 만해사상실천선양회
펴 낸 이 이창섭
펴 낸 곳 시인생각
등   록 제2012-000007호(2012.7.6)
주   소 경기도 고양시 일산동구 호수로 688. A-419호
          ㉾10364
전   화 050-5552-2222
팩   스 (031)812-5121
이 메 일 lkb4000@hanmail.net

값 6,000원

ⓒ 조지훈, 2013

ISBN 978-89-98047-76-4 03810

* 이 책의 저작권은 저자와 시인생각에 있습니다.
* 잘못된 책은 구입하신 서점에서 교환하여 드립니다.

※ 이 책은 만해사상실천선양회의 지원으로 간행되었습니다.